Du kannst mi gern hom!

Sprüch' über
Freundschaft, Zuneigung, Liebe
aaf oberpfälzisch

herausgegeben
von Hubert Treml

Stangl & Taubald

Fia d' Christine

© Verlag Stangl+Taubald, Wörthstr. 14, 92637 Weiden
2. Auflage 2012
www.buch-stangl.de
Alle Rechte beim Verlag

ISBN 978-3-924783-53-2

Inhalt

Vorwort

Ich mooch Di!
Wenn es solide sein soll .... S. 7

Du bist as Solz in meina Suppn!
Wenn es bildlich sein soll .... S. 15

Du machst me ganz narrisch!
Wenn es leidenschaftlich sein .... S. 21

Ma Broudschouf!
Wenn mit Namen liebkost werden soll... S. 27

Bist a gouda Lapp!
Wenn es direkt sein .... S. 33

Bringst ma nu a Weizn?
Wenn es nicht so direkt sein soll .... S. 39

Ich foah mit dir iwaal zou!
Wenn es romantisch sein soll .... S. 45

Du bist mir doch der löibst!
Wenn es alles andere
hinter sich lassen soll .... S. 53

Mir zwoa ... ... ha?
Wenn es vorsichtig sein .... S. 57

Schau Mare, dou ware!
Wenn es gereimt sein soll .... S. 61
Gemma?
Wenn es mit Fragezeichen sein soll .... S. 67
Lou mi dei Wärmflaschn sa!
Wenn es mit Ausrufezeichen sein soll .... S. 71
Scheij wejst is aa scheij!
Wenn es nicht zu aufgetragen sein soll .. S. 81
Dad da gern song, wosi vüleicht michat
Wenn es mit Konjunktiv sein soll .... S. 85
Eitza pack ma's!
Wenn es ein Heiratsantrag sein soll .... S. 91
Wüllst du mal die Fernbedienung?
Wenn es in längerer Beziehung spät immer
noch funken soll .... S. 95
Geih her, du Rindviach!
Wenn es kombiniert sein soll .... S. 101
Oh, Annamirl!
Wenn es gesungen sein soll .... S. 115

Dank
Anhang

Vorwort

Es war ein sehr gewagtes Unterfangen: in der Oberpfalz Liebes-, Freundschafts- und Sympathieerklärungen sammeln. Dass in diesem Landstrich in allen erdenklichen Variationen geschimpft und geflucht wird, kann man tagtäglich erfahren. Was aber gibt der Oberpfälzer oder die Oberpfälzerin von sich, wenn es um Herzensangelegenheiten geht? Gibt es da mehr als das zu vermutende „Du basst scho."?

In vielen meiner Konzerte der letzten Monate habe ich an passender Stelle dann das Publikum gebeten, mir ihre Liebeserklärungen auf rote (!) Zettelchen zu schreiben. Das hatte mal mehr und mal weniger Ertrag. Einmal stand auf einem Zettel: „Braucht's dees?" und fast erbost: „Gaids no?". Ein ander Mal: „Sowos privates wi a Liebeserklärung gibt da Oberpfälzer nicht in der Öffentlichkeit ab. Wir san reserviert." Ähnlich hieß es in einer anderen Notiz: „Der Oberpfälzer sagt da nichts - damit ist alles gesagt! (Mann) - Stimmt! (Antwort der Frau)". Das erinnert an den - übrigens auch auf den Zetteln wiedergefundenen -

typischen Ausspruch: „Niat g'schimpft is g'lobt gnou". In Abwandlung für bestimmte Situationen in Oberpfälzer Liebesdialogen wird das zu: „Nix gsagt is gred gnouch."

Das alles würden sicher etliche Oberpfälzer unterschreiben. Zu meiner großen Freude aber lassen uns viele mit den gesammelten Zettelnotizen teilhaben an ihren (manchmal ganz persönlichen) Varianten mundartlicher Liebesbezeugungen. Diese habe ich nun für dieses Buch thematisch geordnet und kommentiert.

Viele dieser Worte der Zuneigung können auch für „einfache" Freundschaften hiilfreich sein oder wenn man z. B. einem langjährigen Bekannten seine Sympathie aussprechen will. Ich hoffe, diese Sammlung ist den „Liebes-Sprachlosen" eine Hilfe. Und anderen Anregung, in der Erinnerung selber nach schönen, lustigen, berührenden, originellen Liebeserklärungen zu kramen. So könnte dieses Buch der Anfang einer langen Beziehung sein ...

Hubert Treml

Ich mooch Di!

Wenn es solide sein soll ...

Auch wenn sich der Oberpfälzer und die Oberpfälzerin in Liebesdingen sicher ja irgendwie auskennen, haben sie sich doch nie richtig mit dem Wort „Liebe" anfreunden können. „Löib" (oberpfälzisch für „Liebe") hört man sehr selten jemanden sagen. So wird auch der Klassiker „Ich liebe Dich" wohl kaum je eins zu eins ins Oberpfälzische übertragen. Statt also einem für jeden Oberpfälzer wahrscheinlich äußerst fremd klingenden „Ich löib di!" greift man meist auf das an sich etwas schwächere Verb „mögen" zurück und füllt es ausdrucksstark mit der Bedeutung von „lieben" auf. Dass ein „Ich mooch Di" dann auch beim Empfänger manchmal schwächer ankommen mag als ein stark auftragendes „Ich liebe Dich", ist dem Oberpfälzer in bestimmten Beziehungskonstellationen ganz recht ...

In jedem Fall kommt man an diesem Oberpfälzischen Dauerbrenner („Ich mooch Di") nicht vorbei. Er dient als wichtige Grundausstattung im zwischenmenschlichen außerplatonischen Informationsaustausch.

Aber es gibt natürlich auch noch andere Zuneigungs-Evergreens, von denen in diesem Kapitel einige der wichtigsten zusammengetragen wurden.

Welcher ist Ihr Favorit?

Die Grundlagen:

Ich mooch di!

natürlich auch als:

I mog di!

I hob di gern!

bzw.

I mog di gern!

I stai(h) af di!

Du passt scho!

I kann di leidn!

Du daugst ma!

I love you!

Ergänzungen und Steigerungen:

Ich mooch die fei oach

oder anders:

Du, I mog di fei org

Eine weitere „fei"-Variante wäre:

I moog de fei schoo!

Und noch weiter gesteigert:

He, Ich moch de fei sakramentisch.

Schließlich:

I mog Di drei mal mehr als Du mi mign daast.

Und dann noch eine ganz typisch und nicht übersetzbare oberpfälzische Ergänzung:

Ich moch di in d' Haut ei

Warum nicht auch mal mit einem einleitenden Satz verstärken:

Du gfallst ma, ich moch de!

Auch von „I hob di gern" gibt es natürlich Steigerungen:

Ich hob di sur gern

oder:

I ho di saugern!

Und zum Beispiel auch:

I ho di saggrisch gern

oder so:

I ha de ganz sakrisch gern

beziehungsweise:

I moch Di sakrisch gern

auch als:

I mog di narrisch gern

und:

Ich mog Di fei scha gern

Dass jemand oder „es" passt, wird ganz unterschiedlich geschrieben und gesagt:

Basst scho

oder:

passt scha

oder:

Passt schou

oder:

Passt schoo

Dua bast schon.

und:

Du bassd scho!

Es paßt scho

Moidl! Basst scho.

In einem Gespräch über die Liebste:

„Wou host'n döi afgobelt?"

„Döi paßt scho"

In einem Gespräch unter Liebenden:

„Passt's?"

„Passt scho!"

oder:

„Wenn i nix sog, dann bassts scho!"

Dem „Du passt" arg verwandt ist „Du daugst", und auch das wird natürlich ergänzend variiert und verstärkt:

Du daugst ma allaweil

und:

Du daugst scha fir mi

Oder so:

Du daugst ma oach!

und:

Du daugst mir gscheid

Ganz nett, äh, klingt ...:

Du daugst ma, übelstes Rohr!

Und wieder typisch oberpfälzisch:

Du daugst ins Kraut ei!

oder gern auch mit „ma":

Du daugst ma ins Graut ei.

Dass das Zusammensein mit jemandem „durchaus passabel" ist, lässt sich dann auch so ausdrücken:

Mit dia daugt's ma fei

Zum Abschluß noch eine kurze Variation von „I kann di leidn":

I kann de fei ganz guad lein!

Du bist as Solz in meina Suppn!

Wenn es bildlich sein soll ...

Der verliebte oder liebende Oberpfälzer ist sehr erfinderisch, wenn es darum geht, für seine Liebe ein Bild oder einen Vergleich zu finden. Manche greifen auf ihre Getränkevorliebe oder kulinarische Genüsse zurück, andere erinnern sich an die Vielfalt des Tierreichs.
Dieser originelle und kreative Liebeserklärungsstil ist landauf landab sehr populär.
Fast stereotyp wird der Anfang „Du bist ...“ verwendet. Wer also selber kreativ werden möchte, der überlege kurz, was ihm besonders gefällt, schmeckt oder behagt und setze davor

ein „Du bist as ..." oder ein „Du bist wöi ...".
Wenn einer Frau etwa der Schauspieler John-
ny Depp ganz gut gefällt, könnte sie zu ihrem
Freund oder Mann sagen: „Du bist wöi da
Depp fia mi."
Man kann nur hoffen, dass so manches Bild
nicht missverstanden wird ...

Entdecken Sie den Bilderreichtum in der
Sympathiesprache der Oberpfälzer!

Beginnen wir doch gleich mit einer tief im Oberpfälzer verwurzelten Sehnsucht:

*Du bist für mi
wöi a frischer Zoigl in da Wüste!*

Recht verausgaben tut man sich mit folgendem Satz:

*Du bist fia mi der Schaum aufm
Weizen, aba manchmal aa wia d'
Krustn aafm Schweinsbrodn*

Wenn wir beim Bier bleiben wollen, dann wäre das auch noch eine Alternative:

Du bist die Hefe in meim Weizen!

Oder so etwas:

*Du bist mei Schamm
im stoinan Krouch*

Nicht ganz eindeutig erscheint mir dieses Bild:

Du bist mei Schatz,
du ghörst dich vergromm!

Wen aber könnte nicht dieses Bild rühren:

Du bist mei Kailquappen
in meim Weiha

Herzallerliebst klingt auch das:

Du bist der Stern
in meiner Nudelsupp'n

Wohl gut gemeint aber nicht unbedingt galant:

Du bist wia a Nilpferd im Wind

Ambivalent erscheint mir dies:

Du bist wia as Salz auf'm Radi,
wenn i di aschau, mua woina

Wer möchte nicht gerne mit diesem Satz an-
gehaucht werden:

Du bist füa mi
di Tassn füa mein Henkel

Dass es auch ohne „Du bist ..."-Einleitungen
geht, zeigen folgende Bilder.

Zunächst lassen wir den Pilzesammler zu
Wort kommen:

Mei Gfühl für die sprießn
wied Schwammerl im Oktober
asm Boudn!

Wie einfach dem Oberpfälzer die Vergleiche
gelingen, zeigt auch dieses Bild:

Wenns mir schlecht geht, doust Du
mir guad wia a Fettaung af ana
Henäsuppn!

Und hier sind wir dann nochmal beim Bier, oder halt beim Alkohol:

Ich brauch di,
wai a Bsuffna a Kopfschmerztablettn
noum Kater

Und zum Abschluß dieser Sammlung noch einen weit verbreiteten Zuspruch, der hoffentlich auch nur bildlich gemeint ist:

Mit dia koa ma Pfaa stoyln

Du machst me ganz narrisch!

Wenn es leidenschaftlich sein soll ...

Manche mögen es ja nicht glauben, aber auch den Oberpfälzer Landsleuten kann mal die Leidenschaft packen. Und dann bricht er nicht nur die Herzen der stolzesten Frauen oder sie in liebestränige Komplimente aus, sondern es wird die wilde Kraft der Mundart zur ganz besonderen Hilfe.

Oh, man würde sie ja gerne dabei sehen, wenn sie heiß entflammt ihre Liebesschwüre ausrufen, hauchen oder stammeln. Sie, die Oberpfälzer, die doch sonst oft als so verschlossen, hölzern oder unsensibel angesehen werden.

Zu hoffen ist aber, dass der Liebesbrand „niat stinkert" wird. Denn, wie hieß es auf einem Zettel: „Dou wou d' Läib hifald, dou brennd's, und wenns am Misthaf'n is."

Ach, ja, auf einem anderen stand freudianisch - wahrscheinlich frei nach dem Beatles-Klassiker „Obladi, Oblada" - noch: „Liab i di - Libido". Genau.

Suchen Sie sich Ihre liebste leidenschaftliche Liebeserklärung aus!

Ein

Du machst mi narrisch

wird bei den einen gesteigert zu:

Du machst me einfach narrisch

und bei anderen ersetzt durch:

Du machst mi schoaf

Manche meinen gar:

Du machst mi ganz kniedlbiedlbudlbeissert!

Der leidenschaftlich Entbrannte weiß positiv wendend auch dies zu sagen:

Du bist niat dick, dees is alles erotische Kuschlmasse

Leicht hat es einen dann:

I hob Di g'segn
und scho hoad's mi!

Anders ausgedrückt:

Ohne Worte:
g'seh'n und g'migt

Im häufigen Gebrauch ist dieser
quasi-kannibalistische Ausruf:

Ich kannt die fressn!

Gerne steigert man sich auch in lebensalterna-
tivlose Aussagen hinein:

Ohne di will i nird sai!
oder:
Mou de hom,
koa ohne di nierd leb'm

Und wenn schon das Leben noch andere Sinnmöglichkeiten anbietet, dann ist doch hiermit die Partnerwahl alternativlos:

Du bist as und sunst koane

Und deswegen heißt es auch gerne:

I lou di nimma lous!

Bis hin zu:

Iech kaennt die dadruckn

Weil all diese Aussagen unter Umständen auch Angst einflößen können anstatt Herzen zu berühren, kann man sich in der Leidenschaft auch auf freudigeres Terrain begeben (in diesem Fall ist das freudige Terrain dann vielleicht eine holprige Straße ...):

*Mei Moped is a Kracher
aber mit dir krachts no mehr.*

Mit dem nächsten kleinen Satz, blitzt in jedem grauen Alltag kurz, aber mit großer Intensität Leidenschaft auf:

Wenn i di niat hait

Oder auch nicht ...

Wunderschön kraftvoll sind noch folgende Exemplare:

Des lout niad nou

und - kaum zu übersetzen oder gar zu überbieten -:

Ich koa de niat groun

Ma Broudschouf!

Wenn mit Namen liebkost werden soll ...

Kosenamen sind unverzichtbarer Bestandteil in jeder Liebesbeziehung. Zumindest in den meisten. Oder halt in denen, in denen noch miteinander gesprochen wird.

Dabei muss es ja nicht bei einem wortkargen, typisch oberpfälzischen „Höi, Du" oder gar einem etwas ungalanten „Alte" bleiben oder gar enden.

Liebevoll betont kann fast jede Gemüsesorte, jedes Körperteil, jedes Kinderspielzeug oder auch jedes Tier zu einem Kosenamen werden. Letzteres dann gern noch mit einer Verkleinerung auf „-erl". Also vom „Röih" (Reh) zum „Röiherl" (Rehlein). Auch ein „Ochs" klingt zum „Ochserl" verkleinert doch gleich richtig

„michad" (obwohl das über Jahrhunderte in den Oberpfälzer Auen heimische „Kaschp" schon seit einiger Zeit ausgestorben zu sein scheint, ist doch auch der Spitzname „Kasch-perl" weiterhin im Umlauf).
Endungen auf „-i" scheinen hingegen zwar das selbe zu wollen wie das „-erl", aber nicht originär oberpfälzischen Ursprungs zu sein. Aus Integrationsgründen, und weil man sich eh nicht dagegen wehren kann, wurden hier einige Exemplare dieser fremdländischen Kosenamen mit aufgenommen.

Welcher würde zu Ihnen passen?

Wörtlich als „Brotschaf" zu übersetzen, aber eigentlich nicht wirklich übersetzbar ist das:

Broutschouf

Geläufig ist wohl vielen:

(Du bist) mei Schneckerl!

Nicht nur für kleine Babys gerne im Gebrauch:

Mei Wackerl!

Und so auch:

Bist mei Moggerl

Mit „Herz":

Du bist mei Herzerl

oder:

Mein Herzerboberl

Unsterblich:

Spozerl
auch als
Liabs Spotzl

Etwas ähnlich:

Schnuckl

In Anhäufung der -erl-Endungen:

Roserl mei Schnurzerl

Überschäumend:

Mei Honichprintnlebkouchnscheißerl

Stark fränkisch beeinflusst dann:

Du bist mei Suggerla
bzw.
...Waggerla

Andere wohl von noch weiter außerhalb der Oberpfalz eingewanderte und doch scheinbar emsig gebrauchte:

Mausi

und:

Schneki

und:

Hasi

und:

Maunzi

und:

Ma Schnuckilein

und:

Mei holde Makrele

Und noch ärger verirrter:

*Du bist mei Schmackofaz,
mei Schmatzi-Gutti-Feini*

Ein Integrationsversuch ins Oberpfälzische:

Schatzimausiheenabieb

Dann doch lieber wieder bodenständig oberpfälzisch:

Mei Vaichzaia
oder:
Mei Rettich!

Zu bodenständig könnte dann dieser Kosename sein:

Alte, süsse Pressacklätschn

Oder:

Kleines Speckwurstgsicht

Dann vielleicht lieber (an ihn):

Du bist mei kloina Husnscheißa!

Bist a gouda Lapp!

Wenn es direkt sein soll ...

Dass der Oberpfälzer mitunter, wenn er was sagt, dann frei drauf los „grooda" aufrecht die ungeschminkte Wahrheit auf sein Gegenüber loslässt, diese häufig anzutreffende Charaktereigenschaft kann sich in Freundschafts- und Liebesangelegenheiten sehr positiv auswirken. Dann, wenn er ohne Umschweife oder auf den Punkt gebracht seine verliebten Aussagen macht.

Steckt aber nicht all zu viel Liebe drin, kann es natürlich kritischer werden.

Im Bezug auf einige in diesem Kapitel genannten Beispiele ist es wirklich zu empfehlen, die „direkten" Aussagen wohl zu überlegen! Um die jeweils passende, also der jeweiligen Situationen und der beider Persönlichkeiten entsprechenden Form seiner Liebesbezeugung zu treffen, dafür wurde ja dieses Buch mit seinem Liebeserklärungsartenreichtum herausgegeben.

Für die Konsequenzen, die aus der Anwendung einer hier aufgeführten Sympathieerklärung resultieren könnten, wird keine Haftung übernommen!

Wenn der Oberpfälzer es schafft zu sagen, wie er jemanden findet, dann klingt das so:

Du gfallst ma

oder so:

I find di sauguad

bei manchen auch gleich so:

I find di hoaß

Einige bleiben aber mitten in der Beschreibung hängen:

Du bist fei echt ...

Dagegen ist diese Liebeserklärung ja richtig geglückt:

Bist ma fei niat zwida!

Liebevoll gesprochen kann man mit diesem Satz immer punkten:

A scheijna Bou bist!

Das gibt es natürlich auch auf das weibliche Geschlecht gemünzt, zum Beispiel so:

Mei, Moidl, bist du schei!

Sehr gewählt ist diese Formulierung:

Du bist oba schai grod gwachsn

Wenn es zutrifft, dann darf man auch gerne die Haarpracht ins Spiel bringen:

Du houst owa
schöine Loggala - soo schöine!

Alle fühlen sich geschmeichelt, wenn man hören darf:

Bist a Schadz!

wahlweise:

Bist a Spotzl

oder legendär:

Bist echt pfundig!

Letzteres natürlich nur, wenn der/die An-
gesprochene nicht zu viel Gewicht auf die
Waage bringt! Dann lieber:

Bist a Traam!

Aber es gibt natürlich auch Oberpfälzer Aus-
gaben, die schmeichelmäßig nicht über einen
wie folgt angeführten Vergleich hinaus kommen:

in Bezug auf das böse, zickige, etc. Weib eines anderen:

Dou geiht's ja mir direkt guat!

Auch nicht gerade erfreulich:

*Naja, wer woiß,
ob wos bessers nouche kam!*

Ob bei folgendem Satz beide Seiten warme
Gefühle bekommen, bleibt auch fraglich:

Du bist mei worma Schoas

Schließlich könnte auch noch der aphrodisie-
rende Duft angesprochen werden:

Mei reachst Du guat
unta da Aexl!

Bringst ma nu a Weizn?

Wenn es nicht so direkt sein soll ...

Wer nicht gleich mit der Tür ins Haus fallen möchte oder auch lieber das knisternde nicht-gleich-alle-Karten-auf-den-Tisch-legen-Spiel probieren will, der kann sich mit einigen ausgewählten Aussagen oder Fragen langsam voran tasten.

Der Vorteil dieser indirekten oder auch impliziten Zuneigungserklärungen liegt auf der Hand: Jederzeit ist ein Rückzug ohne Gesichtsverlust möglich.

Vielen Oberpfälzern aber kommt er auch einfach charaktermäßig entgegen: „nix gsagt" und doch voll im Spiel! Zumindest gefühlt. Egal, ob es der andere auch fühlt.

Manche können solche indirekten Ankündigungen auch ganz ohne Worte inszenieren. So kommt es zum Beispiel vor, dass jemand, den anderen zur Feststellung bringt „Du trinkst ower heit langsam!" und dann für beide alles klar ist ...

Probieren Sie doch mal eine der indirekten Sympathiebekundungen aus, die Ihnen am besten gefällt!

Ein guter Einstieg ist sicher ein Kompliment:

Hoast Du owa an schöina greana Mantl a

Unverfänglich könnte auch dieses Angebot ankommen:

Mogst mal vo meim Eis leckn?

Oder diese alkoholfreie Einladung:

Trink ma no a Mülch!

Wird es alkoholisch, ist die Absicht schon sehr leicht zu erkennen. Solche Fragen wirken fast wie offene Liebeserklärungen:

Mog'sd a Biaer?

oder:

Mogst an Schnaps?

oder gar:

Göist mit in Bar?

Mit Feingefühl muss diese Frage gestellt sein:

Geht dei Freindin niat bal ham?

In der Disco probieren es manche so:

Tanst Du awl aloa?

Etwas später im Annäherungsgespräch könnte es dann heißen:

Danz' ma' zerscht, oder gemma glei?

Ganz unverdächtig, ja richtig unverkrampft, könnte der Annäherungseinstieg auch so sein:

Mia kannten etz a wos bessers macha...

Funken werden unter Umständen hiermit schon ausgesendet, ohne zu explizit zu werden:

Seng se mir nu amal?

Kribbelig wird es wohl auch hier:

Derfe dei Guggan hamtrogn?

Fast schon zu deutlich aber erscheint diese Frage:

Wann hast'n amal Zeit?

oder gar:

Darf ich zu Dir kommen?

Zurückhaltung hingegen deutet eine derartige versteckte Gefühlsmitteilung an:

I hob mei Jackn bei dir vergessn!

Große Vertrautheit setzt indes diese Indirektheit voraus:

Wärmst ma d' Fais?

Vielleicht sollte man es da zuerst so probieren:

I krabbel gern dein Bugl!

Der Bergwachtler sagt:

Gehn ma klettern - i halt Dich!

Der „Jaager" (Jäger):

I schaiß da a Antn.

Der Dauer-Sohn:

Du kochst so guat wia mei Muata!

Der Drängler, der gerne schon die Antwort auf die noch nicht gestellte Frage preisgibt:

Jou dad i sogn!

Und der Überzeugte:

Glabst du an Liebe auf den ersten Blick, oder soll i numal kumma?

Ich foah mit dir iwaal zou!

Wenn es romantisch sein soll ...

Wir können es überall beobachten: Auch in vielen Oberpfälzern steckt der Romantiker. Natürlich in ganz unterschiedlichen Erscheinungsformen. Der eine verschickt gerne bebilderte Sinnspruchreihen über E-Mail. Die andere wiederholt es beim Kolleginnengespräch vierzehn Mal, dass sie sich Weihnachten nicht ohne verschneiten Christkindlmarkt vorstellen kann. Ein weiterer ist Springsteen-Fan mit Haut und Haaren. Und wieder eine andere hingegen sammelt Biedermeier-Figuren. Der nächste gibt sich gerne schwarz

gekleidet, melancholisch und extrem kitsch-
kritisch. Während die ganz andere ganz offen
und mitteilsam zu ihrem Hang nach ganz arg
lieb dreinschauenden Plüschtieren steht.
Wie auch immer: diese Romantiker, sie brau-
chen alle das Warme, das Selige, die vom
Kerzenlicht erhellte Dunkelheit. Das werden
wir auch in den Liebesbezeugungen spüren.

Also, lassen wir es uns nur warm ums Herz
werden und freuen uns auf die Mütter aller
Liebeserklärungen, eben auf die romantischen!

Als SMS mit Rosenherzchen:

Hob di lieb

oder intensiver:

Ho di sooo liab

und ganz intensiv:

I ho de unbandig liab!

und als richtige SMS-Reihe:

Ich hob di ganz oach lieb + gern fier
immer + ewich!!

und schließlich aus der Zoiglstube geschickt:

I hob di fast nu laiber
als mei Zoiglbaia.

In der E-Mail:

Ich vermiss dei Stimm und dein
Lachn

oder:

I denk Doch und Nacht an Di

Oder natürlich - für den Romantiker immer noch standesgemäß - im handgeschriebenen Brief:

Ohne di is fei goar nimmer schai!

etwas abgemildert:

Ohne di wär alles blouß halbme sua schei.

Auch dies würde sich wunderbar für die Essenz eines nicht enden wollenden Liebesbriefs eignen:

Immer wennst niat doa bist, brauch i di

und:

I hob so lang auf di gward

auch:

Mei Herz bumbert wein i di sia!

und etwas anders:

Mei Herz bumbert für di.

Wenn man eher Fußgänger ist, dann in Abwandlung zur Kapitelüberschrift:

Mit dir gaihe iwerall hi

Leicht missverständlich erscheint mir diese (aber sicher romantisch gedachte) Erklärung:

Wennst du mi in da Frei alachst, kann d' Sunna ruhig wieder untergei.

Viel sicherer kommt dies an:

Mit dia mecht i old wern!

auch so:

Mid dia michadi old wean

oder etwas bestimmter:

Mit Dir wüll i old wern

Wenn ein verträumter Blick eingesetzt werden kann, dann einfach nur:

Mia zwoa ...

In ähnlicher Stimmung:

Sooch amal,

(Pause)

spiarst Du des a?

Vertrauen schaffend:

Ich bin dir guad!

Ganz herzerwärmend:

Du michede

Und immer gut:

Du bist mei Augnstean

Es geht auch ganz einfach:

Schoi is des mit Dir

und etwas eindringlicher:

Is fei ganz schei schei

Aber es darf im romantischen Falle auch durchaus mal länger werden:

Es is, wei soll i song, so a Gfühl do, dass i, wenn i di siech oder bloß an di denk oder goa glei an uns zwoa, dass i mi also do dann goa nimma auskenn so richtig mit dem, wos i sunst eigntlich immer bei mir für a Gfühl ghaltn hob, dass also dees Gfühl, dees i dann fühl a viel a stärkenes is als i sonst so an Gfühlnfühln kennt ho. Woißt!

Einfacher nachzuvollziehen, aber nicht ganz sicher klingt dieser beruhigen wollende Satz:

Gestern hob e di gmigt und moang bestimmt a wieder ...

Dann vielleicht besser gleich zu dieser wirklich berührenden Variante greifen:

Ich moch di heit mehrer wäi gestern und wenga wäi morgn

Ja, wer hätte das von den als hinterwäldlerisch verschrieenen Oberpfälzern erwartet!

Du bist mir doch der löibst!

Wenn es alles andere hinter sich lassen soll ...

Ähnlich den rein bildhaften Vergleichen, gibt es die Möglichkeit, jemanden mit Bildern oder Vergleichen ganz besonders herauszustellen. Einfach indem man die höchste Steigerungsstufe einer Aussage zündet. Z. B.: „Du bist die Allabeste!" Oder, indem man versichert, dass es niemanden anderen gibt, der für einen vergleichbar bedeutsam ist. Z. B.: „Es git koine wöi Di!" Etwas ungeschickt aber ist dann ein solcher Vergleich, wenn er nicht bis zur absoluten Steigerung vordringt. „Du gfallst ma besser wie der!" bleibt da zum Beispiel mit etwas Nachgeschmack hängen. Denn es sagt ja noch nichts aus, wie ich gegenüber dem nächsten, wieder ganz anderen Typen da auf der noch ganz anderen Straßenseite abschneide.

Also: am besten immer gleich bis zum Nonplusultra - wie der Lateiner sagt - hoch steigern. Das schadet in diesem Bereich selten. Also nicht das Latein, sondern das Nonplusultra halt.

Steigern Sie also mit! Hier finden Sie ausreichend Vorschläge.

Eröffnen wir mit:

Du bist mei allerbestes Stück!

Das kann dann in ländlicheren Regionen so formuliert sein:

Du bist as beste Pferd im Stall

oder so:

Du bist mei bester Gaul im Stoll

oder mit „Kuh":

Du bist mei beste Kouh im Stoih

Manche nehmen dieses Bild:

Du bist mei allerbester Pfannewastl

Deftig ist dann diese Herausstellung:

Du bist mei löibsts Scheisserl

Nett vergebend und doch mit der Realität in Einklang kommend:

*Am liabstn wir i
va Dir zamgschissen*

Und wieder ganz einfach:

Mei gudast (od. guadast)

Wie gesagt, man kann auch ohne Steigerung jemanden herausstellen. Beispielsweise so:

*Mir hat nu koine Zöianegl soo schöi
gschnien, wöi du!*

Etwas anschmiegsamer:

*Du halt'st ma mein Kopf
wei koi andere*

Und durchaus auch mal so:

*Bist mei oinzige Gwietsch-Ent'n
in meim Bod'wasser!*

Mir zwoa ...
... ha?

Wenn es vorsichtig sein soll ...

Dem Oberpfälzer wird auch nachgesagt, dass er eher wortkarg sei. Bellend zwar, das aber wortkarg. Wer sich so etwas einfallen lässt?!? Wenn man die nächsten Liebeserklärungen liest, dann könnte man zumindest dem „wortkarg" zustimmen. Die verbale Zurückhaltung entspringt hier jedoch nicht immer dem Oberpfälzer Wesen an sich, sondern einer vielen Liebenden eigenen Unsicherheit, ob das unsichtbare Band der Liebe auch vom anderen gerne gehalten wird. Ob man also dem eigenen Gefühl trauen kann, mit dem man eben meint zu spüren, der andere fühle auch etwas in die eigene Richtung herüber. Und dann kann es schon mal passieren, dass man gar nichts sagt. Und auf die Frage: „Is der Blumenstrauß für mi?" nur noch ein „Ja – dou!" herausbringt.

Nichtsdestotrotz kommen viele Oberpfälzer auch mit diesen Liebeserklärungen scheinbar oft sehr weit. Sogar mitunter zu Frau/Mann und Kind. Tja.

So klingt schon fast der Draufgänger dieser Kategorie:

Duuuuu ..., ich kann feind drei sei...

Typischer ist schon dies:

Woos soll i nacha sogn?

oder:

Wos dasd denn gern hern?

und die wie nebenbei gestellte Frage:

Gfallt dir der Ring?

Kommt die Antwort „Ja", lassen sich mit „Dann kannst nan hom" die eigentlichen Gefühlen weiterhin gut hinter dem Berg halten.

Kommt nach der nächsten Frage ein „Naa" dann schiebt man einfach ein „nix" hinterher, um die Gefühle zu verstecken:

Woißt wosi dir scha lang mal song wollt?

Sehr im Zaum hat sich dieser Antwortende, wenn er auf „Mog'st mi?" so antwortet:

Scho.

Auch hier spürt man respektierende Zurückhaltung, wenn nach etlichen Minuten des Schweigens die Frage hilft:

Soll i dir nu a Gschicht vorlesen?

Rantastend dann:

I glab as uns zwa kannt wos wern.

Oder auch:

Halt'st as nu länger mit ma as?

Um dann vielleicht schon völlig aus der Deckung hervor zu springen:

Wird's wos mit uns zwoa oda niat?

Schau Mare,
dou ware!

Wenn es gereimt sein soll ...

In Sachen Freundschaft und Liebe wurde und wird gerne gedichtet. Durchaus auch ohne rosa Brille: „Liebe vergeht, Hektar besteht." Oder wenn man mit Hilfe eines Vergleichs versucht, das oft so Rätselhafte beschreiben zu wollen: „Das Herz einer Frau, der Magen einer Sau, der Inhalt einer Wurscht, bleibt ewig unerforscht."
Gerade in der Mundart lässt sich 's gut reimen, da es im Dialekt durch Verschlucken, Vereinfachen, Verweichen, Verkürzen und so weiter zu viel mehr ähnlich lautenden Endsil-

ben kommt als in der so genannten Hochsprache.

Und so wird der oder die Liebende schnell zum kleinen Goethe oder zur kleinen Schiller - oder wer auch sonst immer schon schneidige Verserln geschrieben haben soll. Originell ist ein Gedicht auf jeden Fall in jedem Fall (!). Oder meistens. - Also zumindest manchmal ...

Laut gelesen machen diese Reime am meisten Freude.

Wer könnte diesem Dreizeiler widerstehen?:

Ich soch niad vül
ner des
dase di wüll

Oder diesem Zweizeiler:

Dei Gschau
gfällt ma wia d' Sau

Naja, besser wohl so:

Jedn Doch wou mir zwa wern
midanant old,
is mera wert wiea fünf Kilo Gold.

Eine gewisse Gewissheit klingt hier durch:

Mir zwoa kern zam
über kurz oder lang

Wenn man es mal dem Mann nicht direkt ins Gesicht reimen will, dann schreibt man halt auf ein Autobahnparkplatz-Häuschen:

Fia mi is mei Ma so,
wia mei eignes Dixi-Kloo.
Er is imma dau,
egal wann und wou.

In den Liebesrauschnachwehen kann auch dies zu Papier gebracht werden:

Du bist mai Buzl
Du bist mai Kouh
I mag di wia a Buzlkouh

Im Alter:

Immer wenn i an di denk
wackelt mir mein Kniegelenk

Über viele, viele Zeilen:

Mia zwoa
dees waarn
doch, du und ich,

a Poa,
Herznaarrn
ganz liebelich.

Drum sog
ich dir
jetzt grad heraus:
ich mog
di schier!

...
Gedicht is aus.

Der spielerische Umgang mit dem englischen
„love" wird hier geübt:

Ei laf ju, änd ju laf mi
laff ma zam, wo laff ma hi?
oder anders:
I mog di und Du mogst mi
love ma alle zwoa dahi

Und schließlich noch was Bodenständiges für
das Poesiealbum:

Gott erhalt's,
mei Wei' und d' Oberpfalz!

Gemma?

Wenn es mit Fragezeichen sein soll ...

Gerne stellt so mancher lieber eine Frage, um damit indirekt seine Zuneigung auszudrücken. Man will da einfach nicht gleich selber mit seinen Gefühlen herausplatzen. Und hofft zum Beispiel, dass der andere in die Antwort seinerseits eine (stark ersehnte) Offenbarung hineinlegt.

In ganz bestimmten Fällen kann die eigentliche Liebeserklärung dann einfach nur noch „Idiaa" lauten. Denn der typische frage-vorschiebende Liebesdialog läuft oft so ab: „Mogst me du?" „Ja." „I di a."

Bitter, wenn so ein Frage-Antwort-Liebesspiel anders endet: „Wüllst?" „Mir wurscht!"

Eine andere Eingangsfrage, bringt natürlich auch andere Antworten ins Spiel. Einst fragte jemand ohne umrahmende Liebesschwüre oder Offenbarungen nur: „Kannst a Erdäpfl-suppn kochn?" Worauf die Befragte, die gleich den Hintergedanken dieser Frage erraten hatte, schlagfertig antwortete: „Aha, a Feinschmecker mecht me!"

Neben dieser Sorte von Fragen ist auch noch die rhetorische Frage ganz originell, also die, die gar keine Antwort will.

Am Ende dieses Kapitels findet sich dann auch noch eine „(be)rechnende" Frage, die sicher eine Antwort will.

Grundtypus:

Sehr lässig:

Hei, mogst mi?

Eher etwas aufdringlich:

Mogst me oda niat?

Hier werden bereits die eigenen Gefühle ver-
raten, alles gesagt, ohne es zu sagen:

Mogst me a?

Hier ist schon einiges im Vorfeld gelaufen:

Probiern mas a mal mitanand?

Sehr geschickt ist diese Formulierung:

*Heierst, Maidl,
ming ma se eba a weng?*

Ganz, ganz langsam und mit vielen Pausen:

He Du, ha oder naa?

Noch eine mit dem lieblichen „ha?":

Moanst wird's wos mit uns? Ha?

In eine ähnliche Richtung, aber ohne „ha?" (das sich aber auch elegant anhängen ließe):

Mir passn zam, wo?

Ohne Einleitung dürfte diese Variante etwas überraschend sein:

Jo oda na?

genauso:

Willst, oder willst need!?

Ach, ja, da war noch die rhetorische Frage:

Binne im Himmel oder im Paradies?

Und die (be)rechnende:

Wie viele Stallfenster hast du denn?

Lou mi dei Wärmflaschn sa!

Wenn es mit Ausrufezeichen sein soll ...

Natürlich gibt es auch die eher forsche Oberpfälzische Art in Sympathiedingen für Klarheit zu sorgen. Also nicht erst mit einer Frage vorfühlen und nichts von sich selber preisgeben, sondern ganz frei von der Leber weg sagen, was man meint. Die Tendenz geht dabei dann leider oft in Richtung ‚Befehlen'.

Manchem Oberpfälzer kommt dieser eher befehlende Stil sehr entgegen. Man spricht dann zum Beispiel mit seiner Partnerin (auch derer in spe) genauso wie mit dem lieben Vieh im Stall oder dem Hund an der Leine.

Aber es gibt auch heimelige Ausrufesätze, die Wärme und Wohlwollen vermitteln. Gott sei Dank. Sonst wäre das hier schon ein arg trauriges Kapitel.

Und schließlich sind da noch die Hilferufe. Oder Betteleien. Derer gibt es so viele! Versteckt und ganz offen.

Ja, es ist bemerkenswert, wie viele Sympathieerklärungen mit lautem Ausrufezeichen geschrieben werden.

Die Auswahl ist groß! Greifen Sie zu!

Hier hört man die Kirwa-Geräuschkulisse gleich mit:

Gei, hocka di her dou!

später:

Ruck her zu mir!

präziser:

Ruck a weng naichta

mit angedeuteter Erklärung:

Her zou, i moch di fei!

wieder etwas später vielleicht:

Stell Di niät sou a!

in anderen Gefilden so:

Stell di net so o!

oder in der hoffentlich liebevoll gemeinten Variante:

Hob di niad so!

und schließlich:

Pack ma's

oder:

Kum gemma!

und in der ausschweifenden Version:

Kumm, mir genga!

Zwar geht es hier auch um das „gehen", aber in einem anderen Sinn:

Du wenn'st ma neard gehst!

Und hier noch ganz anders:

Naou geaih hald her, wennst moinst!

Der „Gloifl" sagt:

He du! Geh a mal herda!

Der Asterix-Fan:

Zefix, her dou!

Dann die Beschwörungen:

Du bist de mei!

oder:

Mia zwoa ghörn zamm!

gerne auch in dieser Schreibweise:

Mir zwoa kehrn zam!

dann:

Du gherst zu mir, mehr brauch i net!

und:

Lou mi fei niad aloi!

Klarstellend:

Ich bin koine für 8 Doog!

oder:

*Wos bessas wei ich
höid da goaniad bassian kinna!*

Zustimmend antwortend:

Wennst moinst!

Mit Bedingungen verknüpft:

*Wennst me mogst, kratzt ma mein
Buckel!*

und kategorischer:

*Wennst mi niat mogst, brauchst as
bloß sogn, nou gitst ma
mein Zuckerzeich wieda!*

Ein tolles Angebot machend:

*Du darfst mir
die Nasenhaare ausschneiden!*

oder in einem ganz anderen Sektor:

I spül da wos!

Ein Wunsch:

Ich mecht mit dir a bisl Schnuddern!

Mit etwas Nachsicht kann man diese Befehle
auch als Wünsche deuten:

Kumm kuscheln!

und:

Kraz me amal!

Und dann noch:

Gai for mi ham,
immer nu billiger als da Taxi!

Womit wir noch einmal beim Themenkreis Aufbrechen oder Heimgehen wären:

in der Disco:

He, I mog mit Dir nimmer danz'n,
geh' ma hoam zu Dir!

oder noch bevor es zu einem gemeinsamen Tänzchen kommt:

Gemma glei!

falls es Widerstände gibt:

Gemma! Host me?!

falls daheim aufgeräumt ist:

Gemma zu mir!

Wenn man aber schon zuhause ist, kann man ganz kumpelhaft unverdächtig sagen:

Gai, du bleibst heind Nacht bei mir!

oder den mütterlichen Ton von früher nachmachend, um eine Beschützerrolle vorzuschieben:

Gell (oder: Bass aaf), du bleibst heid Nacht bei mia!

Noch einmal ein paar Körperkontakt-Gesuche:

Gei zou, ruck her zu mir!

oder mit:

Druck de a weng her zu mir!

oder Eigeninitiative ankündigend:

I drug di!

genauso gemeint:

Lass di druggn!

auf gemeinsame Initiative setzend:

Druck ma uns!

und unfrei:

Komm her, loude drugn. I lou di nimmer gei!

Ungeduldige verwenden diese drei Worte:

Dou di um!

Sich der eigenen Außergewöhnlichkeit bewusst:

Sei einmal cool in deinem Leben!

Sich des anderen Schicksals bewusst:

Wos Bessers kummt niat noache!

Unheimlich beruhigend:

Dou di niad o, mir ghern zsamm!

Was auch immer:

Dei mas!

Wenn man die Bedienung des Stammlokals im Auge hat:

Nu a Weizen!

und wenn diese Bedienung Margret heißt:

Morgret, stell di nird so a!
Zier di nird so!

Wohl zwischen Tür und Angel:

Rouf me a!

Und ganz allerliebst kommen schließlich noch diese Worte daher, die ein witziger Schreibtischtäter wählt:

Letzte Mahnung!

Scheij wejst
is aa scheij!

Wenn es nicht zu aufgetragen sein soll ...

Live-Musiker kennen das auch in der Oberpfalz sehr verbreitete Lob „Woar goar niat amal so schlecht!" Denn selten fallen in den nordbayerischen Landstrichen positive Urteile überschwänglich aus. Viele halten sich aus Prinzip da gerne etwas bedeckt. Und da ja dann doch hin und wieder mal was geäußert werden muss, wird das Positive lieber gleich relativiert. Also nicht allzu positiv formuliert. Also oft eher gar negativ. Das erspart dann allen Beteiligten Überraschungen oder gar böses Erwachen.

Genauso kann in anderen Zusammenhängen mit dieser Art aber auch aus nicht ganz optimalen Umständen noch das Beste heraus geholt werden. Mit etwas Geschick. Und mit typisch Oberpfälzer Untertreibung.

Lesen Sie also, wie man sich in der Oberpfalz in Zurückhaltung üben kann.

Da ist zum einen:

Du bist goar niat so zwida

Oder das zugestehende:

A bißl moch a di scho

Das noch Ausflüchte offen lassende:

Ich glab, Du gfallst ma fei

Dann im kurzen Ausschlussverfahren:

Waist bist net

Und im vertraulichen Gespräch mit der besten Freundin:

Scheij is a niad, oba miechad!

Oder dem Auserwählten direkt ins Gesicht gesprochen:

He - schai bist nird - oba seltn

und wenn auch das „seltn" nicht zutrifft, bleibt immer noch:

A wennst scheichard bist,
i mog di trotzdem!

Nach dem bekannten Motto „Besser den Spatz ...":

Spatzl du bist besser wie nix

oder so:

Ohne di gabs nix zum Streitn!

Und noch ein paar runter schraubende Verdreher:

Du meyses Umgstei!

oder ein wirklich lieb gemeintes:

Du greislicher Scherbn!

genauso:

Schlauwürstl

und:

Michade Goaß

Dad da gern song, wosi vüleicht michat

Wenn es mit Konjunktiv sein soll ...

Der Wunsch und die vorgestellte Möglichkeit, mit dem anderen zusammen zu sein, aber auch das vorsichtige Abtasten, wie die Aktien an sich stehen, das alles wird gern im Konjunktiv, eben der Möglichkeitsform, zum Ausdruck gebracht. Was ist möglich (mit uns beiden)? Kannst du dir überhaupt vorstellen, was von meiner Seite her alles möglich wäre? Undsofort.

Dass derartig geformte Aussagen, nicht immer richtig verstanden werden, muss aber nicht unbedingt mit dem grammatischen Einschlag zu tun haben.

Nehmen wir folgenden kurzen Dialog:

Sie: „Ich mächert fei mit Dir gäh!"

Er: „Wou gemma denn hin?"

Ja, es kann auch einfach an der beschränkten Auffassungsgabe des anderen liegen. Wie halt so oft.

Der Konjunktiv aber wird immer seinen Platz im Dschungel der Annäherungen, der Einflüsterungen und der verliebten Träume haben.

Sehen Sie selber!

Mit dem Konjunktiv kann man versuchen, den Gesamteindruck, den man von der Gesamtsituation hat, zu formulieren:

Du basast ganz goud zu mir!

Es lassen sich Möglichkeiten in der Zukunft andeuten:

Dees waa doch woos mit uns zwa! Oda!?

Man kann beispielsweise auch sagen, was man mit dem anderen zusammen gerne machen würde:

Mit dir dad i gern Kirschn essn.

oder:

Ich deiat gern mid dir (uma)gnuchan!

Man kann nach Übereinstimmungen suchen:

Daadst du niat aa dees,
wos ich daad,
wennst du dees aa daarasd!?

Man kann den Stand der Dinge eruieren:

I darat die gern ming, wenst mi a gern
haitst

oder wieder mal in einer E-Mail:

Servus - wennst Du micharst - i dad
a dazou

Wenn man insgesamt eher der Schriftsteller-Typ ist, dann kann man so zumindest schon mal ansetzen:

I dad dir gern song wia i di moch -
I hob bloß grod koin Stift dabei.

Man kann sich selber beglückwünschen:

Wos dad i blouß ohne di dou?

oder den anderen:

*Wos dasdn du
one mi*

Man kann etwas umständlich, aber schön mit vielen Konjunktiven formulieren:

*Ich schreiwert dir gern,
wos ich soochert,
wennst mi froucherst,
wos ich soochert,
wennst mir schreiwerst,
wos du soocherst,
wenn ich frouchert.*

Und man kann schließlich dem anderen auf-
zeigen, wie sehr man über sich hinaus wach-
sen oder welchen (eigenen?) Schatten man
überspringen würde:

Für di dad 'e sogoar amal unta da
Woch an Koacha back'n

oder er:

Für di dad 'e vülleicht amal sogoar
auf a Fußballspui verzicht'n

oder beide:

Für di dad 'e mi sogoar mit deiner
Mutter vertrogn

Eitza pack ma's!

Wenn es ein Heiratsantrag sein soll ...

Für viele ist der Heiratsantrag sicherlich die Krone der Liebeserklärung. Aber: Manche fürchten nichts mehr, als diese Krone gereicht zu bekommen ...

Eine typische Antwort des Oberpfälzers auf einen offenen oder verdeckten, einen zwangfreien oder unter Druck setzenden Heiratsantrag ist: „Wens sa mou".

Andererseits kann man auch feststellen, dass einige mit dem Heiratsantrag zum ersten mal überhaupt in ihrer Beziehung eine Liebeserklärung formulieren. Und der eine oder andere belässt es dann auch für den Rest des Ehelebens bei diesem Bekenntnis.

Manchmal bekommt man es ja auch gar nicht mit, dass einem ein Heiratsantrag gemacht wurde! Denn genauso, wie es Liebeserklärungen gibt, die man gar nicht als solche empfinden mag, gibt es natürlich auch Heiratsanträge, die eher „versteckt" gemacht werden.

So oder so: gern wird auf solche Anträge so geantwortet: „Wennst mi etzt nimmst, dann muaßt mi fei a ham!" (Jahre später wird dann immer wieder betont: „Hom houst mi möin, öitzt moust mi aa hom!")

Finden Sie Ihre Krone!

Der explizite Heiratsantrag:

Wia mei Exfreindin - heia me

Der implizite Heiratsantrag:

I bin schwanger ... Ja, vo dir.

Der umschriebene Heiratsantrag:

Sei mei Sockenstopfere
oder:
*Ich brauchet
an Bett-Hoinl mit Ouan!*
oder:
*I glaab, Du kannst
d' Mutta meina Kinda wern.*

Der äußerst beruhigende Heiratsantrag:

*Scheidn loua
kimma uns ja immer nu*

Der Segen erhoffende Heiratsantrag:

In Gotts Nama!

Der nicht ganz zwanglose Heiratsantrag:

nach 5 Jahren „Probezeit":

Entweda heirat'ma iatz
oda mia genga ausanand

vielleicht nicht ganz so effizient:

Wenn ma etz net heiratn,
dann nimma

Der an Torschlußpaniker gerichtete Heiratsantrag:

Du wirst fei aa ganz schei old!

Wüllst du mal die Fernbedienung?

Wenn es in längerer Beziehung spät immer noch funken soll ...

Jemand meinte mal: „Wenn man schon lange verheiratet ist, dann weiß man oft schon wenn man den Partner ansieht, was er sagen will und kann ihm mit der Antwort zuvorkommen. In diesem Fall mit „I di a".“

Ja, mit der Zeit spielt sich so manches ein. Erfreulicherweise aber gibt es auch für die länger währenden Beziehungen noch schönes Liebeserklärungsmaterial. Auffällig oft beginnt dies mit „Schöi, dass ...“

In diesem Kapitel zeigt sich: Das in früher verliebter Phase oft benutzte: „Ach, mein Sonnenschein!" muss 40 Jahre später nicht automatisch zu: „Wou bist denn Alte?!?!" werden.

Folgende Vorschläge von Liebesbezeugungen können sicher auch für Sie mal hilfreich sein.

Beginnen wir also mit:

Schöi, dass di gibt

oder in der südlichen Oberpfalz natürlich:

Sche das di gibt

Ganz schön ist dieser Spruch - nur für „Vordemanderenaufsteher":

Schoi das i jeden Doch newer dir aufwachn därf!

Dankbar:

Schai, daas des scho sua lang mit mir ausghaltn hoast.

In praktischer Dankbarkeit:

Schai, dass du nach 16 Joar woist wai ma an Gschirrspüler eischalt.

In ergebener Dankbarkeit:

Schöi, dasd mi heint nu niat
gschimpft houst

Aus ganz ähnlicher Erfahrung und auch ganz wunderbar ist diese Liebeserklärung nach langen Beziehungsjahren:

Schimpf hald net immer mit mir

Nett gemeint (und völlig dialektfrei):

So mit den Jahren wirst du
– wie unsere Liebe – immer mehr
(vom Hungerhaken zum Oberpfälzer
Vollweib)

Aber auch solch eine beruhigende Aussage ist nach der Frage „Mogst mi nu?" möglich:

Wos wüll e denn mit dir dou?

Wenn mit der Zeit schon ein eigener, geheimer, gemeinsamer Wortschatz entstanden ist:

Schmugl ma zam?!

Und zur 69jährigen wurde gesagt:

Du bist in meinen Armen 29!

Während man auf dem Nachttisch nach seiner Brille fingert:

Woißt wos:
Du schaust fei immer nu guat as!

Eine Sonntagabend-Trilogie ließe sich aus folgenden Aussagen machen:

Dou di um, da Datort gait a!
danach:
Geist scho ins Bett - ich kum glei!
später:
Schlaufst scho??

Und schließlich lässt sich selbst von einem sparsamen Liebesflüsterer aus prompten Taten seine Ergebenheit erspüren:

„Schatz, i ho Durscht"

„ ... "

und mei Ma gait in Keller.

Geih her, du Rindviach!

Wenn es kombiniert sein soll ...

Kommen wir nun gewissermaßen zum Herzstück dieser Anthologie Oberpfälzer Sympathiebekundungen! All die einzelnen bisher angeführten Stile lassen sich nämlich natürlich auch wunderbar kombinieren. Mit den nachfolgend aufgeführten Mischformen wird der bisher schon dargelegte Reichtum an Zuneigungsbezeugungen in Mundart noch reicher. Wirklich.

Ein Meister, wer sich behend der leichtfüßigen und eleganten Kombination der in diesem Buch zusammengestellten Formulierungsstile bedienen kann. Beispielsweise einfach ein solides „I mooch di" mit dem Bild „döist du so schöi bist wöi da Dooch" ergänzen, und dann leidenschaftlich verstärken mit „so XXL-narrisch" und in die nicht steigerbare Steigerung führen „wöi i sunst nu nie neamt gmigt ghabt ho". Und vielleicht vorsichtshalber etwas abschwächend anhängen: „zumindest öitzt grod". Der Vollständigkeit halber gerne noch die konjunktivisch geformte Frage „Dadst du des aa sua seeng?" hinterher schicken. Und mit „Radieserl" einen kreativen Kosenamen anbieten. Ganz wunderbar wäre dann noch ein romantischer Reim, der in einen nicht zu aufgetragenen Heiratsantrag zwecks eingehen einer längeren Beziehung münden könnte. Gut, gut!

Hier also nun die Königsdisziplin: die Kombination!

Aus der Metzgerinnung (leidenschaftlich mit Kosenamen):

So narrisch wai di mog i sunst nemads, Du olde Wurschthaut

Beliebt nicht nur im sanitären Handwerksbetriebsumfeld (mit möglicher Leidenschaft):

I kannt dei Badewasser saufn!

Für Liebhaber von langsameren, etwas begriffsstutzigen Zeitgenossen (mit Konjunktiv und Kosenamen):

I mieget mit dir gern, Hierlbrumma

Sicher nicht oberpfälzisch, aber „zwengs" der Integration (mit Kosenamen und Ausrufezeichen):

Komm ran, Du Ratte!

Ein Klassiker der Romantik flott kombiniert (romantisch in der Möglichkeitsform):

Mit Dir gangad ich iwaral zou

Knapp an einem Heiratsantrag vorbei (mit Konjunktiv und Fragezeichen):

Mir kandn midanana kinna, sollma una zeich zamschmeißn?

Von einem halbherzigen Dichter (gereimt, mit Möglichkeit und doch vorsichtig):

Ja mei,
du kannst das sei
vielleicht ...

Als Liedtitel für die Wildecker Herzbuben vorzuschlagen (Kosename und Reim):

Mausilein, geh noch nicht heim

Für Insider (Heiratsantrag mit Kosenamen):

Bist du mei Schwick - dann mach i dein Schwack

(Zur Info: Schwick ist die Abkürzung von Scheisserl und Wickerl, Schwack von Scheisserl und Wackerl)

Für hippelige Liebhaber (viel Konjunktiv, leicht gereimt, aber vor allem sehr sinnoffen):

Hädi

kanti

dadi

wari

Übernommen aus der Tradition und quasi zum nicht mehr ausrottbaren Klassiker geworden (Kosenamen, etwas gereimt):

Annamiadl

Zuckadirndl

Sehr tröstend ist dies (nicht zu sehr aufgetragen, etwas gereimt):

I häit's schlimmer
erwisch'n kinna
(wei mit dir)

Im Luis Trenker-Stil (dabei solide, leidenschaftlich und gereimt):

I hob di so gern,
i könnt grad narrisch wern.

Knapp (vorsichtig und mit Fragezeichen):

Mogst?

Voller Kraft (leidenschaftlich solide):

Ohne di kannt i niad sa,
weil i di saumäßig mog

Wenn man gar keine Antwort abwarten will
(mit Frage- und Ausrufezeichen):

Zu dir oder zu mir?
Gemma!

Und wieder das unwiderstehliche „ha?" (mit
Frage- und zwei Ausrufezeichen):

Wöi wa 's mit uns, ha?!!
Gemma!

Ein Dankspruch für die Einschlafhilfe (mit
übersteigertem Kosenamen):

Du bist für mi mei allerliebstes
Knuddelbärli, wenn i ned
einschlafa ka.

Ein Evergreen (solide, mit Kosenamen):

Schatz, i hob de lieb

Für das große „Böibie" (Kosename und Ausrufezeichen):

Gäih her mai Waggerle

Vom „Haatscher" (bildliche Herausstellung):

Du bist ma so ful wert, wea mei allerleibst Poar Schuch

Zu derb, um zum eleganten Klassiker werden zu können, aber weitaus beliebt (solide und bildlich):

I mog di wia d'Sau!

oder anders:

Ich moch die wie a Sau!

Wer 's Schwelgen nicht mag (solide einsteigend, nicht zu aufgetragen, mit Kosenamen):

Du basst scho, wennst alloa bist, Zwieverl.

Beim Couching (mit gedachtem Ausrufezeichen in längerer Beziehung):

Kum her alz Leder

Noch einmal Aufbruchstimmung für den gemeinsamen Weg, hier aber als (Heiratsantrag, nicht zu aufgetragen, aber direkt):

Back mas?

Der/die Ungeduldige (solide, direkt und mit Ausrufezeichen):

I mog di. Sog hoit a wos!

Nicht jedermanns Geschmack trifft dieses Bekenntnis (solider Einstieg, danach mit Kosenamen, in wahrscheinlich schon längerer Beziehung):

*I hob di so gern,
mei gloune Schorsdrommel.*

Dem Bekennerbrief entnommen (leiden-schaftlich, romantisch und bildlich):

Mein Herz schlägt nach dir
wie der Kuhschwanz nach der Fliege

Schicksalsergeben und süß (direkt, mit Kose-namen):

Wir sind für einander bestimmt ...
... mei Stinkimausbärli

Mit leicht zur Seite geneigtem Kopf (Kose-name, direkt, mit Ausrufezeichen):

Spotz, geh her!

Mancher gibt den Held, wenn er so spricht (nicht so direkt, mit Kosenamen):

Du derfst mit meim Auto foahrn,
Schatze!

Regional beschränkt (Kosename, direkt, mit Fragezeichen):

Spotzl, gema ins Bumbahölzl?

(a echta Weidner wois des)

Überregional möglich, aber für sensible Adressaten ungeeignet (bildlich und gereimt):

Du bist für mi
wia a z'rissner Balken,
drum scheiß i
aaf dei paar Falten

Hoffend, dass Liebe durch den Magen geht (nicht so direkt, aber mit Ausrufezeichen):

Geh einer, iß wos

Oder so (leidenschaftlich solide und hoffentlich bildlich):

I ho di zum Fressen gern!

Aus dem Naturburschenverein (bildlich, romantisch und gereimt):

Du bist woi a storker Bam im Wold
mit dir wire gern old

Und nochmal im Holz (bildlich, solide und gereimt):

Ich moch die so fest
wia da Baum seine Est
wia da Himmel seine Stern
grod so hob I die gern.

Herzig, aber in ganz unterschiedlichen Ausprägungen (mit Ausrufezeichen und Kosenamen):

Göi eina mei Schnuapsal!
und:
Gei her, mei alte Klapperschlange!

Wenn man gerne das Zusammenwachsen zum Thema machen möchte (solide und bildlich):

I hob Di gern
wia mei Warz' an meine Zaicha

Hier hat sich jemand letztlich um Kopf und Kragen gedichtet (solide startend, bildlich, gereimt, aber mit merkwürdigem Ausgang):

Iech moch dih so,
wei da Ochs sei Stroh.
Und hod da Ochs sei Stroh afg'fress'n
na hob ich dih a vagessn.

Am Kaminfeuer (bildliche Leidenschaft):

Wenn i di sia,
fühle wia a brennerds Hulzscheidl

Für über 's Bett (gereimt, mit Kosenamen und Ausrufezeichen):

Komm doch mei Mausebär,
reck scho' Dei Schnoberl her!
Wennst mi dann bussln doust,
wois i wia lieb'st mi houst!

Nur für Jeans-Dauerträger (Heiratsantrag mit Konjunktiv und nicht so direkt):

Für die dad 'e
oimal an Anzuch azeign

Oh, Annamirl!

Wenn es gesungen sein soll ...

Natürlich dürfen in einer Sammlung von Oberpfälzer Liebeserklärungen solche nicht fehlen, die mit Gesang vorgetragen werden.

Lieder sind ja oft das geheime „Schleichwegerl" vieler Liebender zueinander. Das ist dann z. B. der Song zu dem man zum ersten mal miteinander getanzt hat. Oder die liebliche Weise, die beim ersten Kuss im Hintergrund gespielt wurde. Auch eine ganze - meist von ihm - damals zusammengestellte Kassette bzw. (für die jüngeren aus der Leserschaft!) CD voller romantischer Lieder kann für die ganze Beziehung wichtig werden.

Gar nicht schlecht ist es natürlich, wenn gar ganz neue, eigene Lieder für die Liebste oder den Liebsten geschrieben werden. Der Urheber von mit Melodie versehenen Liebesversen strahlt ganz besondere zusätzliche Attraktivität aus! Äh, manchmal.

Nochmal haben Sie also nun die Chance, einen persönlichen Liebeserklärungs-Favoriten zu finden.

Wenn man sich den anderen herbei wünscht:

Dös wa so schöi

Seit letzter Woch
hob ich koi Rouh
wos i mach
und wos i dou
dou i mit an dumpfn Gfühl
und Brenna in meim Mong

Ich woiß niat
ob ich öitzad spinn
und iwahapst
nu bei mir bin
drum mechad i di bei mir hom
und dir sovül song

Dös wa so schöi mit dir

Va dir heit
a Nachricht kröing
oder di ganz einfach
wiederseng
und dann schaua wöi 's uns göiht
uns zwoa
und wos ma uns gem

Mecht nimmer
so bewußtlos sa
mecht wissn
wos nu möglich wa
mecht in uns einifalln und dann
Vertrautheit aaslem

Dös wa so schöi mit dir
Dös wa so schöi ...mit dir

Oder wenn man froh darüber ist, dass der andere da ist, und wie er da ist:

Komplizin fia 's Lem

Du, ich mecht niat vül redn
bin irgndwöi vül zu hi dafia
Wa frouch und zfrien wenn
ich dei Herz schlong gspia

So wöi a Komplizin bist du
Komplizin fia 's Lem

Mia dout dös so gout, dass ich niat
allawal stoak und cool saa mou
du schaust niat aaf d' Uhr
du bist einfach dou

So wöi a Komplizin bist du

Mit diesem Lied kehren wir gewissermaßen zum Anfang dieses Buches zurück:

Ich mooch di

Ich mooch Alleen,
ich mooch Schouchschachtln
ich mooch 'n Duft vo Sellerie
ich mooch as Dunkl vom Kino,
ich mooch ganz laut lachn
ich mooch as Lebn und ich mooch di

Ich mooch singa,
ich mooch a Schnittlauchbrout
ich mooch ockergelb und aa türkis
ich mooch in d' Weitn schaua,
ich mooch a woarme Glout
ich mooch as Lebn und ich mooch di

Hey, Moidl, ich mooch di
mei bissl Lebn is so schöi,
so schöi wöi a guada Fülm
und du
doust a Hauptrolln drin spüln

Ich mooch Pferdln,
ich mooch Bröif kröing
ich mooch Zeit hobn blouß fia mi
ich mooch groodaas foahrn,
ich mooch oböing
ich mooch as Lebn und ich mooch di

Hey, Moidl, ich mooch di
mei bissl Lebn glänzt in jeder Eckn
wenn mia uns uns gebn
und aafanga Sehnsucht zu stülln

Noch ein Lied für die längere Liebe:

Manchmal

Manchmal kenn ma uns niat aas
wos öitzt richtig war, wos passt
Manchmal liegt der Grund bei Dir
und 'as andermal bei mir

Manchmal samma uns aa fremd
so als höin mia uns nie kennaglernt
Dann hob ich an Grant aaf Di
Und Du vielleicht aaf mi

Doch dou is sovül,
dös uns verbindt
so dass si unsre Liebe
immer wieder findt

Vielleicht sollt ich Dir öfters song,
dass ich Di nu immer mog
Ich find 's mit Dir nu immer schöi
und hoffat, dass dös nie vergöiht
ich wünsch mir, dass dös nie vergöiht

Hey, dou is sovül,
dös uns verbindt
so dass si unsre Liebe
immer wieder findt

Manchmal samma ganz noucht zam
grod wöi wenn mia frisch verliebt
waarn
Dann bist Du, wöi a Engl fia mi
Und vielleicht bin ich aa oiner fia Di
Vielleicht bin ich aa oiner fia Di

Und gewissermaßen als Zugabe (zur Melodie von „Oh, Tannenbaum"):

Oh, Annamirl
Oh, Annamirl
wöi schöi san doch dei Waadln!
San niat bloß schöi
mit Sockn dra
Naa, ich schau s' nackert
aa gern a
Oh, Annamirl
Oh, Annamirl
wöi schöi san doch dei Waadln!

Lieben Dank ...

... allen, die von Maxhütte-Haidhof bis Eschenbach, von Neusteinreuth bis Weiden, von Kümmersbruck bis Diepoltsreuth, von Fuchsmühl bis Freudenberg, von Regensburg bis Neustadt/WN dieser Anthologie Futter gegeben haben

... Martin Stangl für die gute Zusammenarbeit

... Holger W. John für den Umschlagsentwurf

... Johannes und Theresia Treml für die vielen Anmerkungen und Anregungen

... Erika und Alfred Alkofer für die treue Begleitung

Anhang

Die Mundartschreibweise der gesammelten Liebeserklärungen wurde bewusst nicht vereinheitlicht, nicht zuletzt auch um die unterschiedlichen Oberpfälzer Regionen repräsentiert zu lassen.

Die Lieder „Dös wa schöi", „Komplizin fia 's Lem" sind auf der CD „Nu amal" erschienen. „Manchmal" stammt von der CD „locker langa". „I mooch di" ist noch nicht auf CD erschienen. Alle vier Songs stammen von Hubert Treml als Texter und als Komponist. So auch der Text von „Oh, Annamirl"
Weitere Informationen zum vielseitigen musikalischen Schaffen von Hubert Treml unter

www.huberttreml.de

Grimms Märchen
aaf oberpfälzisch

Das Hör- und Lese-
vergnügen

von Hubert Treml

Verlag **Stangl** & Taubald

Wenns mal etwas heftiger sein soll…

Schimpf-
Wörterböijchl

Oberpfälzisch - Deutsch
Deutsch - Oberpfälzisch

Stangl & Taubald

Gekonnt beleidigen – über und unter der Gürtellinie. Von der Verteidigung zum Angriff: Dank des Oberpfälzer Schimpf-Wörterböijchls nie mehr wehrlos. Endlich ziel- und treffsicher in jeder Situation.

Verlag **Stangl** & Taubald